BOEKANALYSE

AF156533

De oude man en de zee

ERNEST HEMINGWAY

BOEKANALYSE

Geschreven door Elodie Thiébaut
Vertaald door Nikki Claes

De oude man en de zee

- -

ERNEST HEMINGWAY

ERNEST HEMINGWAY

AMERIKAANSE SCHRIJVER EN JOURNALIST

- **Geboren in Oak Park (Illinois) in 1899.**
- **Overleden in Ketchum (Idaho) in 1961.**
- **Opmerkelijke werken:**
  - *The Sun Also Rises* (1926), roman
  - *A Farewell to Arms* (1929), roman
  - *For Whom the Bell Tolls* (1940), roman

Ernest Miller Hemingway was een Amerikaanse schrijver uit een welgestelde familie in Oak Park, Illinois. Aanvankelijk werkte hij als journalist, voordat hij door zijn vrienden werd aangemoedigd zich aan de literatuur te wijden. In 1926 publiceerde hij zijn eerste roman, *The Sun Also Rises*, die lovend werd ontvangen. Later trad hij op als oorlogscorrespondent tijdens de Spaanse Burgeroorlog (1936-1939) en de landing in Normandië (1944). Twee jaar na de publicatie van zijn roman *Across the River and into the Trees* (1950), die over het algemeen negatief werd ontvangen, publiceerde hij *The Old Man and the Sea* (1952), dat veel beter werd ontvangen. Veel van zijn werken zijn bewerkt voor film en televisie.

DE OUDE MAN EN DE ZEE

EEN EPISCH GEVECHT TUSSEN EEN OUDE MAN EN EEN VIS

- **Genre:** roman
- **Referentie-uitgave:** Hemingway, E. (1994) *The Old Man and the Sea*. Londen: Vintage.
- **1e editie:** 1952
- **Thema's:** eenzaamheid, vriendschap, natuur, strijd, moed, dood

The Old Man and the Sea, de laatste roman die tijdens Hemingway's leven werd gepubliceerd, ontving de Pulitzer Prize for Fiction en was een belangrijke factor in de beslissing om hem in 1954 de Nobelprijs voor Literatuur toe te kennen.

Het verhaal speelt zich af in Cuba en volgt een oudere visser, Santiago, die in 84 dagen geen enkele grote vis heeft gevangen. Vroeger viste hij in de Golfstroom met een jongen, Manolin genaamd, aan wie hij zijn technieken leerde, maar de ouders van de jongen hebben hem gedwongen om met een grotere boot uit te varen zodat hij meer vis kan vangen. Bij het aanbreken van de 85e dag vertrekt Santiago alleen en vaart ver de zee op in de hoop op een grote vangst. Op het middaguur haakt hij een enorme zwaardvis en worstelt er drie dagen tegenaan. Nadat de zwaardvis eindelijk is overwonnen, wordt hij opgegeten door haaien, dus wanneer de uitgeputte Santiago eindelijk de kust haalt, blijft alleen zijn skelet over.

SAMENVATTING

EEN ONGELUKKIGE VISSER

Het verhaal speelt zich af in een Cubaans vissersdorp, waar het leven moeilijk is, maar waar een gevoel van solidariteit heerst onder de vissers. In het dorp wonen Santiago, een arme, oudere visser die al 84 dagen geen grote vis heeft gevangen, en Manolin, een jongen die hij heeft leren vissen en die erg aan hem gehecht is. Iedereen denkt dat Santiago pech heeft en Manolin is de enige die nog in hem gelooft. De jongen vergezelde hem altijd op zijn visexpedities, maar zijn ouders waren ervan overtuigd dat de oude man "*salao*, wat de ergste vorm van pech is" (blz. 3) en gaven hun zoon opdracht om zich aan te sluiten bij "een andere boot die in de eerste week drie goede vissen ving" (*ibid*.).

Terug op de kust probeert Manolin Santiago te troosten en te verzorgen door hem aas en voedsel te brengen.

SANTIAGO VAART UIT

Op een dag vertrekt de oude man alleen naar de open zee, vastbesloten een einde te maken aan zijn pech. Hij vaart voorbij de haven en gaat verder dan de andere vissers, die dicht bij de kust blijven. Hij is van plan "uit te zoeken waar de scholen bonito en albacore zich bevinden" (blz. 20), omdat hij denkt daar een grote vis te kunnen vangen. Hij zet zijn aas op voor zonsopgang en let dan op de positie van zijn lijnen.

Hij roeit verder naar het jachtgebied van een zeehavik, waar hij "de rode schifting van het plankton" (p. 24) ziet, een teken dat er veel vis in het gebied zit. Al snel wordt hij omringd door tonijnen die uit het water springen. Hij vangt er een en besluit hem te houden om als aas te gebruiken, maar is gedwongen hem de volgende dag op te eten om op krachten te blijven. Terwijl hij naar zijn lijnen kijkt, ziet hij een van zijn dobbers onder het wateroppervlak duiken en manoeuvreert behendig zodat de vis, die sardines eet, aan de haak blijft hangen. Tegen de middag slaagt hij er eindelijk in de enorme vis aan de haak te slaan.

EEN VERSCHRIKKELIJKE STRIJD

Er ontstaat een hevige strijd tussen de vis en de oude man, want de vis blijft aan de lijn trekken en Santiago wordt gedwongen zijn boot naar open zee te laten drijven en zijn andere lijnen, die hem tegenhouden, los te laten. Tijdens de worsteling raakt hij gewond aan zijn wang en snijdt hij zijn rechterhand, zijn linkerhand raakt zo gespannen dat hij die niet meer kan gebruiken en de vislijn snijdt in zijn rug. Dan vangt hij een kleinere vis, die hij zichzelf dwingt op te eten om op krachten te blijven en, na alle voorzorgsmaatregelen te hebben genomen om zijn lijn onder controle te houden, laat hij zich rusten om zijn energie te herstellen. Hij valt even in slaap, maar wordt gewekt door een verzengende pijn in zijn rechterhand. De zwaardvis blijft uit het water springen, en door het schokken van de boot valt de man op zijn buik. De oude man krijgt eindelijk een glimp te zien van zijn tegenstander en ziet hoe enorm deze is. De strijd gaat door.

Bij zonsopgang op de derde dag begint de zwaardvis rond de boot te cirkelen en blijft naar de oppervlakte zwemmen. De oude man is inmiddels uitgeput en duizelig, maar dwingt zichzelf door te gaan. Hij probeert de zwaardvis binnen te halen om hem zo dicht mogelijk bij de boot te krijgen. In een laatste poging om de vis te verslaan, harpoeneert hij hem twee keer en doodt hem.

EEN BITTERZOETE OVERWINNING

De vis is zo groot dat het een strijd is om hem in de boot te krijgen. Santiago moet zijn boot eerst dicht bij de zwaardvis brengen om zijn kop en staart vast te binden met het touw van de harpoen. Daarna bindt hij hem vast aan de zijkant van de boot, hijst de mast omhoog en ontrolt het zeil ter voorbereiding op de terugvaart. De boot vaart snel, en Santiago vangt en eet wat garnalen en drinkt de rest van zijn water om op krachten te blijven. De oude man kan zijn ogen niet van de vis afhouden en heeft het gevoel dat hij droomt.

Hij wordt zich plotseling bewust van een haai die de boot volgt en beseft dat hij in gevaar is. Als de haai de zwaardvis aanvalt, gooit hij zijn harpoen naar de kop, maar de haai vecht terug en bijt zich door het touw heen, voordat hij onder de golven zinkt en de harpoen meeneemt. Twee uur later ziet Santiago nog twee haaien de boot naderen, die hij weet te doden door een mes aan het uiteinde van zijn roeispaan te binden. Een vierde haai bijt zich vast in de zwaardvis, en hoewel de oude man erin slaagt hem te doden, breekt het lemmet van zijn mes daarbij. Er komen nog twee haaien bij, en al snel zwermen er meerdere haaien rond de boot. De oude man vecht dapper, maar hij kan niet voorkomen dat de haaien de zwaardvis opeten. Santiago komt 's nachts aan in de haven en hoewel hij erin slaagt de mast en de zeilen te strijken, is hij zo uitgeput dat hij niet eens meer op zijn benen kan staan als hij op weg gaat naar huis. Als hij terugkomt in zijn hut zakt hij ineen op zijn bed en valt in slaap.

Na de expeditie komt Manolin naar Santiago's huis, zoals hij elke dag doet. Hij ziet dat de oude man ademt en gaat koffie voor hem halen. De gebeurtenissen van de afgelopen drie dagen inspireren Manolin om weer met Santiago te gaan vissen, en de twee plannen hoe ze de volgende dagen gaan samenwerken. Als de oude man uiteindelijk weer in slaap valt, blijft Manolin aan zijn zijde.

KARAKTERSTUDIE

SANTIAGO

Santiago is een oudere, eenzame, uiterst arme visser. Hij heeft krachtige schouders en een sterke nek, maar is erg mager, met een gerimpeld gezicht en versleten handen. Zijn ogen zijn "dezelfde kleur als de zee en [...] vrolijk en onversaagd" (p. 4). Hij draagt een haveloos overhemd en loopt altijd op blote voeten. Hij woont in een hut gebouwd van palmbomen zonder stromend water of goede vloerbedekking, en met alleen de meest elementaire meubels.

Santiago blijft nederig tegenover de tegenslagen die hij ondergaat en schaamt zich niet. Hij heeft vertrouwen in zijn capaciteiten als visser, maar weet dat hij machteloos staat tegenover pech en tegen het verlies van fysieke kracht en de verzwakking van zijn linkerhand die het gevolg zijn van het ouder worden. Toch is hij vastberaden, vasthoudend en dapper. Hij is een rechtschapen man met een scherp eergevoel, die zich niet laat ontmoedigen door pech.

Hij houdt van de zee, die hij goed kent, en respecteert alle levensvormen. Hij bewondert de kracht van de vis, en heeft het gevoel dat hij er een soort band mee ontwikkelt tijdens hun strijd.

Santiago praat tegen zichzelf als hij op zee is, zodat hij zich minder eenzaam voelt. De oude man droomt vaak van zijn vroegere avonturen, praat graag over Afrika en is een fervent honkbalfan. Hij denkt na over goed en kwaad, leven en dood, en de menselijke conditie. Hij probeert uit te zoeken wat zijn leven zin geeft, en deinst er niet voor terug zijn eigen tekortkomingen onder de loep te nemen. Bijvoorbeeld, nadat de haaien de zwaardvis hebben aangevallen, verontschuldigt hij zich voor zijn trots. In sommige opzichten is hij een tegenstrijdig personage: hij lijkt zwak en heeft gewone menselijke gebreken, maar tegelijkertijd lijkt hij over bijna bovenmenselijke kracht te beschikken.

MANOLIN

Manolin wordt niet fysiek beschreven. Hij is een jongeman die op zijn vijfde van Santiago heeft leren vissen. Hij viste graag met de oude man, die hem enkele verantwoordelijkheden toevertrouwde, maar zijn ouders hebben hem gedwongen te werken op een boot die grote vissen vangt, en hij is te jong om tegen hun wensen in te gaan.

Maar Manolin bewondert Santiago en vindt zijn vaardigheid als visser ongeëvenaard. Hij voelt ook veel genegenheid voor de oude man, die een soort grootvaderfiguur voor hem is. Hij zorgt goed voor hem en zorgt ervoor dat hij alles heeft wat hij nodig heeft, namelijk aas, warmte, avondeten en koffie in de ochtend. Ondanks zijn jeugd lijkt hij behoorlijk volwassen en is hij moedig, nuchter en zachtaardig tegenover zijn mentor.

Na Santiago's avontuur op open zee is Manolin zeer ontroerd door zijn lijden. Dit inspireert hem om tegen de wens van zijn ouders in weer met hem te gaan vissen. Hoewel hij de oude man oprecht wil helpen, besluit hij hem ook te vergezellen omdat Santiago hem dan kan helpen zijn vistechniek te perfectioneren en omdat ze goed met elkaar kunnen opschieten.

ANDERE PERSONAGES

Er zijn slechts twee hoofdpersonen in de roman. De andere personages zijn de eigenaar van het terras, zijn ober, enkele toeristen en drie mannen genaamd Martin, Pedrico en Rogelio. De meeste personages zijn mannen, en de meeste van hen zijn vissers. Vrouwen komen slechts terloops aan bod: Santiago's vrouw, van wie wordt aangenomen dat ze dood is, wordt genoemd, evenals de moeder van Manolin en een vrouwelijke toerist.

ANALYSE

EEN STEM VOOR ZIJN GENERATIE

De verloren generatie

The Old Man and the Sea wordt, net als de rest van Hemingways werk en dat van sommige van zijn tijdgenoten, waaronder F. Scott Fitzgerald (Amerikaans romanschrijver, 1896-1940) en John Steinbeck (Amerikaans romanschrijver, 1902-1968), gekenmerkt door een diep gevoel van onbehagen en instabiliteit. Daar is een reden voor: deze auteurs behoorden tot de zogenaamde "Verloren Generatie", die rond de Eerste Wereldoorlog volwassen werd en de verwoesting en wanhoop van het conflict zelf ondervond. De literaire beweging die zij ontwikkelden omspande het interbellum: zij ontstond in de nasleep van de Eerste Wereldoorlog (1914-1918), die de sociale en morele waarden van de 19e eeuw vernietigde, en duurde tot de Tweede Wereldoorlog (1939-1945), die een voortdurende dreiging vormde.

Hemingway schreef zijn Amerikaanse collega-schrijfster Gertrude Stein (1874-1946) de term "Lost Generation" toe, en hij was er zo door getroffen dat hij deze gebruikte als epigraaf voor zijn eerste roman *The Sun Also Rises*. Het verwijst naar de desillusie die de leden van deze generatie ervoeren als een direct gevolg van het bloedbad van de oorlog, waardoor ze ook begonnen te twijfelen aan de waarden van eer, patriottisme en glorie die ze eerder kritiekloos hadden aanvaard.

Wat verloren was gegaan, waren de bakens die deze jongeren vóór de oorlog gebruikten om hun plaats in de wereld te vinden.

Veel boeken uit deze periode, en Hemingway's werk in het bijzonder, gaan over eenzame personages voor wie succes onmogelijk blijkt, ondanks hun onmiskenbare moed. Dit is het geval in *The Old Man and the Sea*: wanneer de man eindelijk de vis vangt waar hij al zo lang van droomt, wordt deze hem ontnomen door de haaien. Volledige overwinning is onmogelijk, en succes wordt altijd gecompenseerd door mislukking. Toch is het einde van de roman niet geheel pessimistisch en getint met hoop, want de held behaalt een fysieke en morele overwinning op zichzelf.

In *The Old Man and the Sea* zijn de ideeën van Hemingway gerijpt: het is minder somber dan zijn vorige boeken en heeft een meer stoïcijnse kijk. Hemingway lijkt rustiger en wijzer te zijn geworden en heeft geleerd te relativeren: hoewel de werkelijkheid die hij schetst nog steeds somber is, wordt zij onderbroken door kleine overwinningen. Ook al zijn de voor-oorlogse idealen van glorie, eer en patriottisme niet meer, Hemingway ziet nog steeds de schoonheid van het leven en weet er door zijn schrijven betekenis aan te geven. Hij heeft zich van scepsis en wanhoop in zijn eerste romans opgewerkt tot stoïcisme en volwassenheid in *The Old Man and the Sea*.

 ## WIST JE DAT?

Het stoïcisme wordt niet alleen meer algemeen gebruikt om te verwijzen naar emotionele standvastigheid, maar is ook de naam van een oude school van filosofie die pleitte voor het aanvaarden van ons lot zonder te klagen, het beheersen van onze emoties en het overwinnen van onze angst voor de dood.

Behaviourisme

Hemingway werd ook beïnvloed door het behaviorisme, een tak van de psychologie die begin 20e eeuw in de VS werd ontwikkeld door de psycholoog John Broadus Watson (1878-1958) en waarbij menselijk gedrag objectief wordt geobserveerd. Het is een vorm van gedragspsychologie, en behavioristen geloven dat de beste manier om de mentale toestand van een individu te analyseren niet is om zijn gedachten en gevoelens te onderzoeken, maar om te kijken naar zijn uiterlijke gedrag en houding. In de literatuur hebben auteurs die beïnvloed zijn door deze benadering de neiging om eerder de handelingen dan de emoties van hun personages te beschrijven.

In *The Old Man and the Sea* beschrijft Hemingway uitvoerig de handelingen van zijn personages. Zo komt bijna alles wat we weten over Manolin voort uit zijn handelingen en opmerkingen, terwijl zijn gevoelens voor ons ondoorgrondelijk blijven. Dit is duidelijk te zien wanneer hij de oude man opzoekt, die net terug is van een driedaagse visreis:

> *"Hij sliep toen de jongen 's morgens de deur in keek. Het waaide zo hard dat de drijfboot niet uit zou gaan en de jongen had uitgeslapen en was toen naar de hut van de oude man gekomen zoals hij elke ochtend kwam. De jongen zag dat de oude man ademde en toen zag hij de handen van de oude man en hij begon te huilen. Hij ging heel rustig naar buiten om koffie te gaan brengen en de hele weg huilde hij." (p. 95)*

Hoewel ons niet wordt verteld wat Manolin voelde of dacht toen hij de oude man zag, is dit een zeer emotioneel geladen beschrijving waaruit duidelijk zijn diepe genegenheid voor hem blijkt. Hij zorgt op een bijna moederlijke manier voor hem, komt elke ochtend naar zijn hut om te zien of hij al thuis is en haalt koffie voor hem. De verteller zegt niet expliciet dat Manolin verdrietig is als hij Santiago's verwondingen ziet, maar de beschrijving van zijn tranen is veel welsprekender dan een simpele bewering van zijn emotionele toestand ooit zou kunnen zijn. In plaats van simpelweg te zeggen wat Manolin voelt, beschrijft de verteller de fysieke manifestatie van zijn emoties (we zien Manolins verdriet in zijn tranen, en we begrijpen de bijna kinderlijke liefde tussen de twee personages door zijn toegewijde zorg en aandacht te observeren).

Toch gebruikt Hemingway ook interne en gesproken monologen om ons inzicht te geven in de gedachten en gevoelens van zijn hoofdpersoon. De roman is opgebouwd rond de wisselwerking tussen objectieve beschrijvingen en het standpunt van de visser:

> *Hij keek naar de lucht en zag de witte cumulus opgebouwd als vriendelijke hoopjes ijs en hoog daarboven waren de dunne veertjes van de cirrus tegen de hoge septemberlucht. 'Lichte rand,' zei hij. 'Beter weer voor mij dan voor jou, vis'"* (p. 45)

Zowel beschrijvende passages als monologen worden gebruikt om het landschap en het weer te beschrijven. We zien dat de visser aan contemplatie doet en graag naar de hemel kijkt, maar zijn aandacht blijft daar niet lang hangen: zijn gedachten zijn nooit ver van zijn taak en zijn gedachten gaan al snel uit naar het voordeel dat het weer hem zal geven ten opzichte van de vissen.

Omdat Santiago's gedachten altijd gericht zijn op wat hij aan het doen is of op wat er in de nabije toekomst zal gebeuren, ontdekt de lezer nooit wat hij denkt over iets anders dan zijn huidige situatie. Het volgende fragment is typerend voor zijn interne monologen: "Als het licht is, dacht hij, werk ik terug naar de veertig vadem aas en snij het ook weg en fink de reserve spoelen op" (p. 37). Zijn monologen zijn nooit introspectief, en hij onderzoekt nooit zijn eigen emoties of gevoelens. Als een melancholische gedachte bij hem opkomt, duwt hij die snel weg: "Misschien had ik geen visser moeten worden, dacht hij. Maar daar ben ik voor geboren. Ik moet er zeker aan denken de tonijn op te eten als het licht wordt" (*ibid*.). In plaats van te inspireren tot introspectie of zelfonderzoek, zijn zijn overpeinzingen oppervlakkig en oppervlakkig. Zelfs als hij gebruik maakt van de interne monoloog, doet Hemingway nooit meer dan het oppervlak van Santiago's innerlijke leven verkennen.

Wel worden interne en gesproken monologen gebruikt om het gedrag van de oude man te beschrijven, wat de lezer aanwijzingen geeft over zijn persoonlijkheid. Santiago is een ervaren, gepassioneerde en vastberaden visser. Zijn gedachten zijn allemaal gericht op actie omdat zijn leven draait om vissen. Het feit dat hij vaak hardop in zichzelf praat vestigt ook de aandacht op zijn eenzaamheid, want er is niemand in de buurt om hem te antwoorden.

Hemingway gebruikt de interne monoloog dus om de behavioristische benadering van zijn roman te versterken. Volgens hem is ons innerlijk leven gebaseerd op de manier waarop we de wereld zien. De stiltes van de visser zijn uiteindelijk veel sprekender dan zijn gesprekken met Manolin, die vaak kort en triviaal zijn.

Santiago's overwinning bij het vangen van de zwaardvis lijkt te eindigen in een nederlaag, want de vis wordt al snel verslonden door haaien, zodat hij niets heeft om te laten zien wat hij heeft gedaan. Wanneer hij het skelet weer aan wal brengt, voelt hij zich verslagen, want dit is de 85e keer dat hij met lege handen terugkeert. Aan het eind van de roman wordt deze situatie echter optimistisch geïnterpreteerd, want Manolin wijst erop dat hij erin geslaagd is de vis te overwinnen.

Inderdaad, ook al overwint hij de haaien niet, hij voert een dappere strijd van drie dagen om de zwaardvis te vangen en geeft niet op, zelfs niet wanneer hij gewond raakt. Volgens hem "is de mens niet gemaakt voor een nederlaag [...]. Een mens kan worden vernietigd, maar niet verslagen" (p. 80). Santiago is inderdaad in staat de vis te overwinnen omdat hij zichzelf voorbij zijn eigen grenzen duwt. Ondanks zijn leeftijd, zijn verwondingen en de uitputting en eenzaamheid die hij moet doorstaan, houdt hij vol om de vis te verslaan. Zijn overwinning op de vis is ook een overwinning op zichzelf, want het bewijst dat zijn kracht hem niet in de steek heeft gelaten.

Zijn overwinning is echter niet alleen fysiek. Hij heeft moed getoond en zijn lot onbekommerd aanvaard, en heeft zelfs de emotionele standvastigheid om zich zijn eigen dood rustig en vol vertrouwen voor te stellen ("'Vis,' zei hij zacht, hardop, 'ik blijf bij je tot ik dood ben', p. 38) – met andere woorden, met stoïcisme. Hij heeft zijn mentale en emotionele grenzen overschreden en daarmee een grotere wijsheid verworven.

Hij heeft zich waardig van zijn taak gekweten en zijn tegenstander altijd gerespecteerd. Hij bewondert de moed en vastberadenheid van de zwaardvis, en spreekt er tegen als tegen een man: "'Vis,' zei hij, 'ik hou van je en respecteer je zeer [...]'" (p. 40). Het genadeloze gevecht van de twee vijanden smeedt een hechte band tussen hen, en ze worden één wanneer de haaien aankomen om het lichaam van de vis te verslinden: de oude man vecht om zijn vis te verdedigen, die dapper heeft gevochten.

De roman toont dan ook een overwinning op het lot: hoewel zijn collega-vissers hem aanvankelijk als zeer ongelukkig beschouwen, bewijst Santiago hen uiteindelijk dat hij vis kan vangen en wint daarmee het respect terug van iedereen die niet meer in hem geloofde. Deze overwinning haalt hem ook uit zijn eenzaamheid, want voortaan zal Manolin hem vergezellen op zijn visexpedities. Ondanks zijn ogenschijnlijke nederlaag heeft hij het lot en zichzelf overwonnen. Hij komt als een sterker en beter mens uit deze ervaring en verheft zich tot de held van een episch gedicht.

EENZAAMHEID

Het thema eenzaamheid wordt geïntroduceerd in de openingszin van de roman "Hij was een oude man die alleen in een skiff viste" (p. 3). Er zijn meerdere redenen voor Santiago's eenzaamheid:

- hij is een oude man;

- hij is een visser, maar heeft al maanden geen grote vis gevangen;

- Manolin, die hem altijd vergezelde, is door zijn ouders gedwongen om met een andere boot mee te gaan.

Santiago is sociaal geïsoleerd: de enige met wie hij echt praat is Manolin, die als tussenpersoon fungeert in al zijn interacties met andere mensen.

Santiago accepteert deze situatie, maar dat maakt ze niet minder pijnlijk voor hem. Hij mist zijn vrouw heel erg en heeft haar foto "onder zijn schone hemd" (blz. 8) verstopt om minder aan haar herinnerd te worden. Op open zee betreurt hij herhaaldelijk de afwezigheid van Manolin. Bovendien weet hij dat zijn eenzaamheid hem verzwakt, hoewel hij die moedig tegemoet treedt. Om zijn eenzaamheid te verzachten praat Santiago met zichzelf of met dieren, zoals de vogel die op zijn skiff komt rusten, de zwaardvis en de haaien.

Zijn eenzaamheid dwingt hem ook de confrontatie met zichzelf aan te gaan. Wanneer hij op zee is, is Santiago volledig geïsoleerd en is er niets dat hem kan afleiden of tussen hem en zijn innerlijke ik kan komen. Hij heeft geen andere keuze dan zijn blik naar binnen te richten en onder ogen te zien wie hij werkelijk is.

NATUUR

In de roman wordt de natuur vertegenwoordigd door de zee en het onderwaterleven daarin, en de oceaan vormt een constante achtergrond voor de activiteiten van de vissers.

Hoewel sommige mensen de zee als mannelijk beschouwen omdat ze voor gevaar staat, is ze voor Santiago als een vrouw, omdat ze veel te geven heeft, maar gewelddadig kan worden als de situatie daarom vraagt. Hij legt uit dat de zee, net als vrouwen, wordt beïnvloed door de maan: "De maan beïnvloedt haar [de zee] als een vrouw" (p. 20). Hij erkent echter dat de zee twee kanten heeft: ze is aantrekkelijk als ze kalm is, maar ook gevaarlijk omdat ze gemakkelijk kan doden.

Santiago waardeert de natuur en de zee, die hij goed kent. Hij is gevoelig voor de geuren, geluiden en beelden die eruit voortkomen: 's nachts kan hij "de fosforescentie van het golfwier in het water zien" (blz. 18), en zijn getrainde oor kan "het trillende geluid horen als vliegende vissen het water verlaten" (blz. 19); overdag waardeert hij het blauw van de golven en de dans van de iriserende kwallen. Zijn band met de zee wordt nog versterkt door zijn isolement. Ook de natuur communiceert met hem en begeleidt hem; zo kan hij het weer voorspellen door de lucht te lezen, de stroming stelt hem in staat zich te oriënteren, en in bepaalde tijden van het jaar kunnen de vlucht van de zeehavik en de zwermen vis hem leiden naar plaatsen waar hij meer kans heeft om een grote vangst binnen te halen. Zijn kracht haalt hij ook uit de natuur: hij eet schildpadeieren en olie van haaien- en vislevers, en gebruikt de zon en het zout uit het water om zijn wonden te genezen.

Hoewel het zijn werk is om dieren te doden, voelt Santiago dat hij een morele en emotionele band met hen heeft. Ook hij is een levend wezen en moet vechten om te overleven. Tijdens zijn gevecht met de grote vis zegt hij: "Kom op en dood me. Het kan me niet schelen wie wie doodt" (p. 71), omdat hij hun strijd ziet als een gevecht tussen leven en dood voor beide deelnemers. Bovendien houdt hij van de zwaardvis: hij bewondert zijn kracht, zijn verzet en zijn vastberadenheid om zich te bevrijden.

Niettemin stelt het doden van de vis Santiago voor een moreel dilemma. Hij voelt de behoefte om zijn daad te rechtvaardigen, vooral omdat hij zijn sluwheid heeft gebruikt om de vis te doden. Hij vraagt zich af of dit verkeerd is, en vraagt zich af: "Als je van hem houdt, is het geen zonde om hem te doden. Of is het meer?" (p. 81). Hij vreest ook dat hij zijn waardigheid als visser heeft verloren door te ver uit te varen en te hoog te mikken, en gelooft dat hij, ook al heeft hij zijn werk gedaan, de vis gerespecteerd en zonder haat gedood, misschien een misdaad heeft begaan. Zo bezien is het mogelijk te suggereren dat de aanval van de haaien zijn straf is.

DOOD

De dood is een centraal thema in de roman en wordt expliciet besproken: de zeeschildpadden doden de kwallen; de brasems eten de vliegende vissen; de zeehavik jaagt op vis om op te eten; Santiago doodt de zwaardvis en de haaien. In zijn gevecht met de zwaardvis kijkt hij de dood in het gezicht: hij moet doden of gedood worden. De dood ligt vlak achter het leven, en er is geen ontkomen aan.

De dood wordt echter ook impliciet opgeroepen. Santiago is een oude man en, nog afgezien van het gevaar dat hij loopt wanneer hij in zijn eentje op open zee met een grote vis vecht, weet hij dat hij niet eeuwig zal leven en dat zijn leeftijd en moeilijke levensomstandigheden hem dichter bij het einde brengen. Het contrast tussen Manolin, die jong is, nog bijna zijn hele leven voor zich heeft en "nog veel [moet] leren" (p. 97), en de bejaarde Santiago versterkt de indruk dat de dood van de oude man nadert. In deze context zijn er meerdere manieren om zijn slaap aan het eind van de roman te interpreteren.

VERDERE REFLECTIE

ENKELE VRAGEN OM OVER NA TE DENKEN...

- Beschouw je dit boek als een roman of een novelle? Leg je antwoord uit.

- Vergelijk het boek met het leven van de auteur. Zijn er autobiografische passages? Betekent dit dat het kan worden omschreven als een autobiografie?

- Kan dit werk volgens u beschouwd worden als een episch verhaal?

- Sommige van Hemingway's boeken vóór *The Old Man and the Sea hadden* ook visserij als onderwerp. Vergelijk deze verhalen met deze roman.

- In *De Providentia* schreef de Romeinse filosoof Seneca (4 voor Christus-AD 65) dat we ons lot niet in de hand hebben, maar het moedig moeten aanvaarden. Is dit idee ook terug te vinden in *De oude man en de zee*? Leg je antwoord uit.

- In tegenstelling tot de jongere vissers, vergelijkt Santiago de zee met een vrouw. Waarom? Onderbouw je antwoord met voorbeelden uit de tekst.

- In *A Farewell to Arms* schreef Hemingway: "In een nederlaag worden we christen." Kan deze observatie worden toegepast op Santiago?

- Kun je bijbelse toespelingen in de tekst herkennen?

- Kan Santiago volgens u als een held worden beschouwd?

- Hemingway en André Malraux (Frans schrijver en politicus, 1901-1976) namen beiden deel aan de Spaanse Burgeroorlog en werden door hun ervaringen geïnspireerd tot het schrijven van een boek. Wat zijn de boeken? Zijn er overeenkomsten tussen hen?

VERDER LEZEN

REFERENTIE-UITGAVE

Hemingway, E. (1994) *The Old Man and the Sea*. Londen: Vintage.

AANPASSINGEN

The Old Man and the Sea. (1958) [Film]. John Sturges. Dir. USA: Leland Hayward Productions.

The Old Man and the Sea. (1990) [Televisie film]. Jud Taylor. Dir. UK: Yorkshire Television.

The Old Man and the Sea. (1999) [Animatiefilm]. Aleksandr Petrov. Dir. Rusland: Dentsu Tec.

*We horen graag van jou! Laat
een reactie achter op jouw online bibliotheek
en deel je favoriete boeken op social media!*

De uitgever garandeert de betrouwbaarheid van de gepubliceerde informatie, die echter niet onder zijn verantwoordelijkheid valt.

www.50minutes.com

Master ISBN: 9782808688109
Papier ISBN: 9782808699501
Wettelijk depot: D/2023/12603/1230

Omslag: © Primento

Digitaal ontwerp: Primento, de digitale partner van uitgevers.